나의 길은 내 발자국 소리를
기다릴까

나의 길은 내 발자국 소리를 기다릴까

초판 1쇄 인쇄 2013년 6월 25일
초판 1쇄 발행 2013년 6월 30일

지은이 장옥경
펴낸이 金泰奉
펴낸곳 도서출판 띠앗
등 록 제4-414호

편 집 박창서, 김주영, 김수정
마케팅 김명준
홍 보 김태일

주 소 (우143-200) 서울시 광진구 구의동 243-22
전 화 (02)454-0492(代)
팩 스 (02)454-0493
이메일 ddiat@ddiat.co.kr
홈페이지 www.ddiat.co.kr

ISBN 978-89-5854-095-3 (03810)

*책값은 표지에 표시되어 있습니다.
*잘못 만들어진 책은 구입하신 서점에서 친절하게 바꿔드립니다.

나의 길은 내 발자국 소리를 기다릴까

장옥경 시집

도서출판 따앗

❀ **시인의 말**

어디에도 길은 있었고
어디에도 길은 없었다
내가 비상飛上을 꿈꿀 때
무덤가 작은 제비꽃들은
아침 이슬을 머금고 있었고
화단에는 키 작은 채송화들이
옹기종이 피어 있었다
아직 나에게도 길이 있을까
나의 길은 아직 내 발자국 소리를
기다릴까

목차

시인의 말 / 5

1

꽃의 다비식 _ 12
담쟁이덩굴 _ 14
동백꽃 _ 16
소금 _ 17
봉선화 _ 18
목련꽃 그늘 아래서 _ 20
잃어버린 신발 _ 22
정거장 _ 24
가만히 그대를 불러보네 _ 26
가을 우물 _ 28
고등어 _ 30
나의 길은 내 발자국 소리를 기다릴까 _ 32
낙지 _ 36
달의 지문(指紋) _ 38
도마 _ 40
들꽃 _ 42
마른꽃 _ 44
마음 _ 46
물빛 화살 _ 48

배꽃 _ 50
벼루 _ 52
네온 _ 54
복숭아 _ 55
붉고 검은 바다 _ 56
붉은 산 _ 58

2

사랑 _ 60
소멸되어 가는 것들은 안타까운 여운을 남기지만 _ 62
신(神)에게로 가는 길 _ 64
아름다웠던 지상에서의 날들 _ 66
아프고 환한 자리 _ 68
엘리베이터 _ 70
비상(飛上) _ 72
오름에 오르다 _ 73
이제는 촛불을 켜야 할 시간 _ 74
옥수숫대 _ 76
우 기(雨期) _ 78
우 물 _ 80
월 식(月食) _ 82
유리병 아기 _ 84

적막 _ 86
집착 _ 88
화음 _ 90
초경(初經) _ 92
통증 _ 93
구름나무 숲을 걷고 있는 두 사람 _ 94
그곳에선 지금 무슨 일이? _ 95
깨지다 _ 96
난(蘭)의 사랑 _ 97
달 항아리 _ 98
대흥사를 가다 _ 99
데칼코마니 _ 100

3

모딜리아니의 여인 _ 102
모서리에 관하여 _ 103
무청시레기 _ 104
물금 _ 105
물방울 _ 106
불안 _ 107
사거리에 서다 _ 108
새, 날다 _ 109

양파의 길 _ 110
얼음새꽃 _ 111
오징어 _ 112
울림에 대하여 _ 113
일어서는 말씀 _ 114
자전거 _ 115
장롱 _ 116
중심을 향하다 _ 117
저녁 어둠 속의 아이리스 _ 118
중환자실의 달팽기 _ 119
진주조개 _ 120
책 속의 길 _ 121
첫눈 _ 122
청동 물고기 _ 123
출항 _ 124
2월의 강 _ 125
4월의 시 _ 126
고드름 _ 127
꿈꾸는 주차장 _ 128

1.

누가 나를 이곳으로 오게 했을까
바람의 거친 숨결이었나
욕망의 검은 숲이었나
안개의 젖은 손이었나

꽃의 다비식

이제
아름다웠던 한 생을 마치고
떠나고 있다
새벽부터
저녁까지
가장 정갈한 노래 부르더니
그리움에 데인 상처 한 잎 한 잎 뜯어내며
눈부신 고요 속으로
걸어가고 있다

누구도 들여다보지 않던
메마르고 어두운 곳
아침 이슬에 씻긴 말간 얼굴로
희고 붉은 가슴 열어 보이며
바람이 불 때마다 활짝 피어나던 봉오리들

아슴한 향기 스며들어 뿌리칠 수 없는
우담바라 우담바라

온몸을 흔들어 구름 경전에 도달한
환희…. 꽃 멀미, 아찔한

네가 속살거리던 마음 빈 곳에
비로소 맑은 물이 흐르기 시작한다

담쟁이덩굴

누구를 기다리는 손짓일까
잿빛 건물을 휘감고
허공을 향해 올라가는 담쟁이덩굴
기다림으로
지나온 시간들이 숨죽이고 있다

봄이면 화기에 홀린 마른 몸뚱이
벌겋게 물들고
여름이면 까맣게 타들어가
소리 없이 바스러지고 싶었다

휴일 한낮의 교정
가지 끝에 앉아 있던 작은 새도 날아가 버리고
가을이 깊어지고 있다
잎새들은 자꾸만 떨어지고
한 번도 열매 맺지 못한 안타까운 몸짓들
앙상한 손 뻗어 구름을 어루만지고
별들과 소곤거렸지

깊이를 알 수 없는
생의 그물에서 허우적거리며
내가 꾸던 꿈들은 무엇이었을까
물기 어린 유리창은 언제나 잠잠하고

더 이상
하늘로 올라갈 수도
땅으로 내려올 수도 없는
벽에 기대어
앙상한 등뼈 드러내고 침묵하는
저 벽화

동백꽃

그리움의 늪에 발을 담그면
고통의 수렁에 빠지는 줄 알면서
온몸을 담그고
하늘을 향해
바람을 향해
불러보지만
아무도 듣는 이 없는
외로운 섬에서
오늘도 바다를 바라보며
선혈 뚝뚝 흘리는

 소금

물에 젖었던 시간들
물기 마를 날 없던
어머니의 손
야생마 같고 들소 같던 아버지를
부드러운 얼굴로
길들이고
꽃 같은 자식들
벌레 들어갈세라, 마를세라
걱정하시던 어머니
지금
한 줌밖에 안 되는 작은 몸과
해맑은 얼굴로
의자에 앉아계신다
은빛사리 떨어뜨리고 계신다

봉선화

내가 이름 없는 풀꽃이었을 때
연초록 잎새 위에
동박새가 앉았던 것
잠시 잎새가 흔들린 것을
알지 못했습니다

산기슭을 돌아 나오는 바람 혹은
젖은 얼굴의 달빛이 다가와
마음의 빈자리 흔들고 지나가던 밤
열 손가락 치켜들어도
그 설렘은 가시지 않고
창호지 문 사이로 어룽거리던 달그림자

사람을 만나고 떠나보내는 일
하얀 무명천에 올올이 스며드는 일이란 걸
이제는 알 듯도 합니다

손톱 끝에 전하던 아리디아린 사연
하늘 끝 그 자리까지 생손앓이로 따라와

살 속에 못내 드리우지 못하는
붉은 그리움으로 여울져 흐르는 일

여름이 가고
가을이 오면
잘 여문 씨앗 하나로
지상에 떨어져 고이 썩어
겨울의 차고 부드러운 손톱에
작은 울음으로 남고 싶습니다

목련꽃 그늘 아래서

밤이면
별빛과 달빛이 한참씩 머물다 가던 곳
다락방에 앉아 백지 위에 긴 편지를 쓰곤 했다

장미가시에 찔린 릴케와 영원한 방랑자
헤세를 읽으며
가슴이 출렁출렁 파도치고
꿈의 알갱이들이 주르륵 쏟아지는 것도 몰랐다
달빛 환한 밤, 푸른 커튼은 밤새 흔들리고

가고 싶다, 바람 불던 날들

벽돌 붉은 벽에 앉아 껍질을 깨고 나올 새의 부화를
우기의 긴 골목에서 서성이는 발자국을
기다리곤 했다
안개숲에 갇혀서 더듬거리던

보고 싶다, 눈꽃 떨어지던 날들

텅 빈 교실
건너편 음악실에서 들려오던 노랫소리
'목련꽃 그늘 아래서 베르테르의 편지를 읽노라'
교정의 벤치 위에
하르르 떨어지던 꽃잎들
꽃비인 듯, 눈꽃인 듯

새벽이 오도록 빈 벽돌 속에 시詩를 점화하며
읽다만 책들만 켜켜이 쌓여가던 세월
아이는 자라고 다락방은 허물어지고 말았지만
가슴속 노을은 지워지지 않고
여전히 붉게 타오르고 있다

서쪽 하늘로 날아가는 새 한 마리

잃어버린 신발

장미와 네잎 클로버를 찾으러 다녔던
어린 시절
좁은 산길을 지나다가
샌들 한 짝이 강물에 빠져버리고 말았다
세찬 물살에 휩쓸려
아래로 아래로
떠내려가던 신발

한쪽 샌들만 신은 채
뜨거운 모래밭을 지나고
진창길을 걸어서
울면서 집으로 갔던 길

꽃잎에 맺힌 이슬방울이 떨어진 후
늘 푸른 나무의 고단한 어깨뼈가 보였고
달의 뒷모습, 그 쓸쓸한 향기
담자색 꽃잎의 화려한 아픔을
알게 되었다

보이지 않는 그곳
끝없이 타는 목마름으로
혼자서 가는 길
누구도 같이 갈 수 없는 길을
한쪽 신발만 신고
걸어가고 있다
잃어버린 신발은 어느 강의 어귀에 있을까
나는 어느 정거장쯤 온 걸까

붉게 타는 저녁놀 아래
흔들리는 빈 배 한 척

 정거장

비가 내리는 날
길을 잃은 내 마음에는
오두마한 정거장이 하나 있다

한 무리의 여자들이 빠져나간 대합실에는
낡은 의자에 앉아 졸고 있는 사람
천장에서 덜덜거리며 선풍기가 돌아가고
오래된 벽의 희미해진 활자들
오래전 아주 오래전 쓴 듯한
빗물에 젖고 바람에 패어
읽을 수 없는 약속들

창밖을 보니
끝없이 펼쳐진 누런 들판
흰 쑥부쟁이, 국화들 하늘거리고
어디서 왔을까 늘
검은 점박이의 얼룩개, 그 뒤꿈치
개가 움직일 때마다
들판이 물결치고, 꽃들이 깔깔거리고
녹슨 시간이 움찔거린다

누가 나를 이곳으로 오게 했을까
바람의 거친 숨결이었나
욕망의 검은 숲이었나
안개의 젖은 손이었나

어느 순간
대합실에 있던 사람과 개와 활자들
어디론가 다 사라지고
멀리서 기적소리 다가온다

가만히 그대를 불러보네

이른 아침
까치 한 마리 나뭇가지를 물고 와
둥지를 만드네
가슴 뭉클한 떨림이여
나 가만히 그대를 불러보네
새가 둥지를 짓기 위해 나뭇가지를 물고 오듯
그대에게로 가던 첫 느낌 긴 떨림

밤마다 나무는 몸살을 앓고
그럴 때면 어김없이 꽃이 피었네
산수유꽃 배꽃 붉은 동백꽃
동백꽃이 필 때면
나무는 온몸을 떨곤 했네

깊은 상처 위에 포개지는 세월처럼
내가 그대가 될 수 없듯
그대도 내가 될 수 없는 법
다만 말없이 바라볼 뿐

사람의 마을에 하나 둘씩 불 켜질 때
스러져가던 내 집에도 등불 켤 날 있을까

그리움의 무게를 진 나무는
휘청이고 있다

가을 우물

사방이 떨리고 있다
문풍지 떨리듯 그렇게
억새가 흔들린다

저 오랜 침묵의
서늘한 그림자
바람의 숨결 따라
서로 몸을 비비고 있고

이 나무계단을 밟고 올라가면
하늘로 오를 수 있을까
티 하나 없이 푸른 하늘은
손안에 잡힐 듯한데

허공에 손을 뻗어
바람의 숨결을 어루만지는 일이나
수면 위로 떠오른 별을 따는 것은
얼마나 가슴 시린 일이었던가

억새들 진한 울음 삼키며
서걱이고 있고
생의 계단은 아득한데
가을이 다 가도록
내 가슴은 말라버린
우물

허공에 내민
빈손에는
찬바람만 머문다

고등어

재래시장 어물전에 포개져 있는
고등어 두 마리
내장, 창자 다 비우고 헐거워진 몸
짭조름한 비린내 풍기고 있다

한때는 푸른 바다
우수수 쏟아지던 아침 햇살 아래
은빛 비늘 퍼덕이며
솟구쳐 튀어 오르기도 하던

이제는 눈물조차 얼어버린
소금창고를 지나와
독한 간수에 절여져
부스러지지도 못하고
뻣뻣하게 굳어가는
우리 사랑의 날들

붉은 아가미
해초 냄새 그 바다

하얗게 비워내고도
눈을 감지 못하는
묵언의 저 경전이여

나의 길은 내 발자국 소리를 기다릴까

1

하루 종일
전화벨 소리도 울리지 않고
찾아오는 이 하나 없는 집
적멸寂滅에 든 모양이다
숨 쉬는 것은 벽에 걸려 있는 뻐꾸기시계와
베란다의 수초 사이를 오가는 금붕어 두 마리
그리고 나
살아 있는 느낌이 그립다
말랑말랑하고 물컹하고 끈적끈적한
무언가를 만졌을 때
손끝에 전해지는 감각
나는, 살아 있는 걸까?

2

끝없이 달려온 길이었다
차에 흠집이 나고 타이어가 닳아서
흐물흐물해지는 줄도 모르고 삶의 안전벨트를
숨막히게 조이고 달리기만 했다

진창에 빠지기도 하고 쌓이는 눈 속에
갇힐 때도 있었다
가슴속에 찰랑찰랑 고여 있던 우물이
점점 말라가고
검은 더께가 덕지덕지 앉았을 무렵
내 삶을 조이고 있던 안전벨트를 느슨하게
풀어낸다
그러자 보이지 않던 비포장도로가
보이는 것이 아닌가
그믐달 아래 수줍게 핀 달맞이꽃
칡넝쿨이 엉금엉금 기어나오는 산길
그 길을 휘감고 있는 푸른 안개숲

3

갑작스럽게 비가 쏟아진다
빗줄기는 거세지고 꼼짝없이 차 속에 갇힌
상황에서 무언가 눈앞에 흔들리는 물체가 보인다

자세히 들여다보니
끝도 없이 펼쳐진 노란 산수유꽃

비안개 속에서
수천수만의 길을 내고 있는 꽃무리들
저희들끼리 소곤거리고 깔깔거리며 즐거운 비명을

지르는 희망의 샛별들
비를 맞으며 축제를 즐기고 있는 모양이다

4

어디에도 길은 있었고
어디에도 길은 없었다

내가 비상을 꿈꿀 때
무덤가 작은 제비꽃들은 아침 이슬을
머금고 있었고
화단에는 키 작은 채송화들이 옹기종기
피어 있었다

아직 나에게도 길이 있을까
나의 길은 아직 내 발자국 소리를 기다릴까

 낙지

가을비 추적추적 내리는 재래시장
찬송가 소리와 함께
뻘밭을 기어나온 사내
시꺼먼 고무치마 두른 하반신 밀 때마다
무좀약, 플라스틱 용기들이
심하게 흔들린다

팔꿈치로 온 세상을 받치고
질척거리는 바닥에
납작 엎드려
힘겹게 나아가는 저 사내

몸통을 잘리고도
꼬물거리며
끊임없이 사방으로 기어나가는
온몸이 발이고 심장인
저 몸짓

어디로 가고 있는 걸까
해초 냄새 가득한 바다

꼬막, 백합조개 꼬물락거리는
따스하고 물컹거리던 자궁을 빠져나온

컴컴하고 어두운 고무치마 속에도
푸른 초장으로 인도하는
하늘날개 있을까

달의 지문指紋

그 밤
비탈진 공터 오르막길에 서 있던 전신주가
심하게 몸을 떠는 날이면
어김없이 눈이 내리고
돌아누운 아버지의 기침소리 쿨룩대고
머리맡에 떠놓은 물은 쨍쨍 얼어버리고
어머니는 밤새 스웨터를 뜨고 있었다
지글지글 끓던 아랫목
그런 날이면 연탄가스는 가난한 방으로 스며들고
하얗게 질린 얼굴 위로 떨어지던
눈꽃송이들
더디고 더딘 세월의 무게 앞에서
떼어내고 떼어내도 지문
자꾸만 쌓이던 부스럼딱지들
동생들 공부시키느라 재봉틀 아래서 가난을 깁던
어린 여공의 차고 여린 손

만원버스 안에서 꾸벅꾸벅 졸던
차장의 가냘픈 어깨에도
눈은 내리고

항시 우리들 삶은 덜컹거리며 위태로웠다
흔들리고 보채고 으르렁거리며 싸우고
게딱지처럼 엎드려 있다가 솟구쳐 일어나
서어나무 한 그루이고 싶었던 세월
풀잎 아래 엎드려 숨죽이면
어디서 시냇물 소리 들렸던가

희미한 달그림자
절벽을 기어오르고 있었다

 도마

내 몸은 난타당한 과녁
수없는 화살이 날아와 상처로 얼룩져 있다
한 그루 푸른 나무이고 싶었는데
붉은 눈빛이 나를 찌르던 날 허연 등뼈가
드러나던 아픔을 잊지 못한다
어제는 눈알 퍼런 고등어가 토막 나서 사라지고
오늘은 하루 종일 마늘 냄새에 젖어 있다

잎 푸른 양배추가 파들대던 숨소리, 그 깊은 떨림
예리한 칼날에 잘릴 때마다
꿈틀거리던 낙지의 몸부림

사람들은 물을 끼얹고
하얗게 나를 걸러내고
닦고 또 닦아내지만

진저리치듯 부르르 몸을 떨던
오월의, 자복雌伏의, 슬픈 고백들

끝내 감지 못하던 눈에서 잠시 반짝이던 눈물도,
바다 밑 푸른 자유의 피비린내 사라지지 않고

눈 뜨면 다가오는 시퍼런 칼날에
기댈 곳 없는 어깨, 파이프오르간 소리처럼
튀어 오르던
생의 마지막 기억들이
눈부신 햇살 속으로 이렇게 생생하게
수없이 난타된 길로 남아 있다

들꽃

아무 욕심도 없는
맑고 해사한 얼굴
아무도 눈여겨보지 않지만
저 홀로 오롯이 피어
나무가 뿌리 뽑히고
전신주가 무너지는
곤파스 태풍에도 끄떡없이 살아남은

한들한들 가냘픈
소박한 몸짓
침묵의 미소로
해와 달을 품어
생명의 집을 짓는

파장罷場 무렵
이리저리 구르다 손때만 탄 과일을
고르는 순천댁의 검게 탄 얼굴

보도블록 위에 포장마차를 뿌리내린 김씨
도시의 한 귀퉁이에서

이름 없는 꽃으로 살고 있지만
그들은 헛된 꿈을 꾸지 않는다

거친 발길에
으깨지고 뭉개져버릴지라도
가볍게 내려놓은 마음
경전, 법구 스스로 새겨넣은
아프고 환한
그저 눕고 그저 일어서는
맨몸의 길

# 마른꽃

아무 향기도 없이
만지면 바스라질 것같이
침묵하고 있는 꽃

깜박깜박 위태롭게 흔들리는
촛불 하나
생의 끝에서 보이지 않는
길을 찾는 사람들

밤새 통증이 지나간 자리
거뭇거뭇 저승꽃 피어
초췌한 얼굴
햇살이 슬금슬금 빠져나가고
바스락거리며
떨어지는 꽃잎들

진홍빛 입술
희고 붉은 가슴 열어 보이며
눈부시게 다가왔었는데

두고 갈 가족들 생각에
잠 못 이루며
자꾸 깃털처럼 가벼워지는
호스피스 병동 사람들

 마음

달빛 쏟아지는 바다 위에
은빛 물살 헤치며 파닥거리는 물고기였다가
새벽안개를 가르고 피어난
제비꽃이었던 당신
아침 햇살 아래 소리 없이 떨어지는
투명한 이슬방울이었다가
성난 코뿔소처럼
옆도 돌아보지 않고 달려가는
알 수 없는 얼굴을 가진
팔색조의 날갯짓
오늘은
하루 종일 비가 내리고
새들은 날기를 멈추고 어둠 속으로
들어가고
사람들은 서둘러 발길을 재촉한다
유리창으로 푸른 물 줄줄 흘러내리고
밤은 아직도 유리창 밖에 움직이지 않고 있다
밤이 깔아놓은 길 위로
시간은 더디게 지나가고

나는 주린 배를 움켜쥐고
시간의 중심으로 걸어 들어간다

물빛 화살

메마른 마음에 뜬 달
희부윰한 달의 냉기가 스며드는
비온 후
불어난 강은 무어라 무어라 소리치며 내려가고
갈대들 서로 몸을 비비며 서걱거리는 곳

물안개 걷히고
푸른 수면 위로 얼굴을 내밀고 있는 저 수련들
이슬로 빚은 꽃
하늘의 별들이 수면 위에 떠 있다

저기 흰 수련
두려움에 떨고 있는 하얀 심장
만지면 부서질 것 같은
스무 살 사랑의 귓속말로 떠 있고

붉은 수련
초록 연잎 위에 살포시 앉아
붉은 입술 오므리며 무슨 말인가

할 것만 같은데
서른이 꿈처럼 지나가고 나는 무엇을
찾고 있었을까

많은 언어가 물속에 잠겨버리고
갈대도 하늘도 안개도 할 말을 잃어버렸다
시詩도 끊어진 수련 앞
수없는 물빛 화살이 나를 향해 날아왔다
환하고 깜깜했다

배꽃

한 생을 다 살지 못하고
속으로 깊어 가는가
꽃잎에 맺힌 이슬방울
떨어질 줄 모르고

누렇게 바랜 베옷 입고
단정히 쪽진 머리
하얗고 정결한 이마
온몸 구석구석
강물 흐르는

꿈길 따라
은하수 건너
바람 되어 가버린 사람
잊지 못해

달 밝은 밤
목젖까지 차오르는 울먹임에
기어이 참았던 눈물
와락 쏟아내는 그녀

종잇장처럼 가벼워져
아침 햇살
흰 나비 되어 날고 있다

# 벼루

오랜 시간
서재 구석에서 먼지 풀풀 뒤집어쓰고 있다
반지르르하고 윤기 나던 검은 피부며
그윽한 향기는 어디로 가고
조금씩 허물어지고 있다

방문이 덜컹거리거나
문고리가 달그락거릴 때마다
가슴이 뛴다

달 밝은 밤
그는 차갑고 딱딱한 먹으로
내 몸을 밀기 시작했다
예리한 칼끝에 잘려지는 아픔에
소리조차 지르지 못하고
흥건히 배어나오던
먹빛 선혈

화선지 위에서 꿈틀거리며 살아나던
매화, 그 미세한 떨림

서서히 벌어지는 꽃망울
이슬 머금은 듯 청초하고
부릅뜬 눈, 말갈기가 곤두서고
근육이 꿈틀거리다가 뒷발을 박차고
푸른 비명을 내지르며
달려가는 말발굽 소리

그는 떠도는 바람
내게 머무르지 못하는 바람
내 가슴은 언제나 먹빛 우물만 고여 있고

그러나
나는 오늘도 기다린다
그가 언젠가 돌아오리라 믿기 때문이다

 네온

사람 먹고 살쪄버린 밤이 글썽인다
미로 속을 빠져나온 사람들이
비틀거리며 걸어가고
목을 졸라매던 넥타이가 나뭇가지에 걸려 있다
야윈 어깨 토닥여도
들썩이던 서러운 시간
삼삼오오 모여앉아 울분 토하다가
불그스름한 노을을 닮아버린
오온五蘊의 야시장
걸음 위로 툭툭 등짝 갈라지는데
이빨 빠져버린 젖은 나비가
번쩍거리는 네온불빛 아래 파들거리고
한 번도 기다려주지 않던 시간 앞에
깨어진 법문만 남기고
깊어가는 겨울밤

복숭아

희고 불그스름한
스무 살 처녀의 볼처럼
꼭꼭 숨겨진 순결의 바다
바람 한 점 없고 등대 불빛만 깜박이는
그 너머
아직 스러지지 않은
꿈의 솟대를 잡고
더듬거리며 걷는 길
아침 이슬 촉촉이 젖은 풀밭이
엉금엉금 기어나오고
파르르 꽃의 입술이 벌어진다
한지 위에 스미는 꽃물처럼
그렁그렁 고이는 눈물처럼
사랑은 천천히 스며들어
여울로 흐르다가
가슴속에 둥근 우물 하나 만든다
만지면 툭 떨어지는
수밀도水蜜桃 한 알
그 무르고 연한
약속의 위태로움이여

붉고 검은 바다

상 위에 놓여진 생선회 한 접시
은빛 지느러미 나풀거리던 힘찬 몸짓은
간데없고
희디흰 살점으로 가지런히 누워 있다
주검이 이루는 어두운 그늘과
소용돌이치는 식욕이 묘하게 맞서고 있는
붉고 검은 바다

창밖에는
철썩이는 파도 소리와
낮게 날고 있는 갈매기
수평선 점점이 떠 있는 섬

좁고 어둑한 수족관 안에는
팽팽한 긴장감이 감돌고 있다
주인의 손을 피해 구석진 곳으로
쏠리는 물고기들
이윽고
바닥에 던져진 도미 한 마리

몸을 확 뒤집어 꿈틀거리다가
일격을 맞고 기절한다
서서히 멎어가는 모래바다

뼈와 살이 분리되어 나를 바라보던 눈
끔벅끔벅 한 점의 원망도 깃들어 있지 않았던 눈
욕망이 사라진 숲

아무 일도 없었다는 듯
사람들은 서둘러 떠나고
막 넘어가는 노을이 붉다

붉은 산

곤파스 태풍으로 쓰러질 듯 위태로운
찬 서리 이끼 앉은 가파른 절벽 끝
안전망 움켜쥐고서 간신히 매달렸다

낙뢰의 매운 눈빛, 흩어지던 나무들
조금씩 꿈틀거린다 여린 가지 뻗어본다
간간이 신음 소리가 힘겹게 새어나오는

한때는 넓디넓은 치마폭에 달을 품고
푸른 잠 은실난실 금빛 햇살 끌어당겨
무성한 여린 잎새들 길러내던 붉은 산

비탈진 무료 급식소 허기를 때우고서
뿔뿔이 흩어진 가족, 그리워서 우는 산
차디찬 유배지의 산, 남과 북 분단의 산

파헤쳐진 속살 깊이 빗줄기 스며들고
떨리는 한기에 눈꺼풀 감겨올쯤
얼었던 시간을 데우며 무릎관절 펴고 있다

2.
비상을 꿈꾸는 눈빛 하늘우물 서성이다
명멸明滅하는 꽃잎 속을 새처럼 날지만
목마른 그 소금밭을
벗어나지 못하고

 사랑

사람들로 붐비는 곰탕집
펄펄 끓고 있는 가마솥 옆에
하얗게 얼어버린 뼈다귀들을 본다

뜨거운 땡볕 아래서
묵묵히 밭을 갈던 네 다리
꿈벅꿈벅 풀뿌리를 씹어대던 순하디순한 눈

등에 푸른 번호 새긴 채
몸은 제각기 흩어져
갈고리에 걸려 있거나
진열장에 차곡차곡 포개지고
눈 감지 못한 뿔은
하늘을 찌르고 있는데

아직도 할 일이 남았을까
무릉武陵으로 가는 관문 기다리는
저 오체투지五體投地

맑고 뽀얀
곰탕 한 그릇

소멸되어 가는 것들은
안타까운 여운을 남기지만

누구를 부르는 손짓일까
어둠 속을 홀연히 찾아온

순백의 영혼이
지붕 위에
가지 끝에

소리 없이 내려와
긴 여운 만들고 있는 것을
한없이 낮은 자세로 내려와
응고된 마음 녹일 때
고이는 눈물 한 방울
소멸되어 가는 것들은
안타까운 여운을 남기지만
차마
이곳에
발자국을 내기 싫은 것은
그대에게로 이어진

등불이
환하게 켜져 있기 때문이다

신神 에게로 가는 길

눈의 여신이 사는 히말라야
바위처럼 견고하고
깊은 침묵에 잠겨 있는
은빛 설산雪山

많은 사람들이 히말라야에 오르고
몇몇은 추락하여
그 품에서 잠들곤 한다
위험을 무릅쓰고 히말라야를 찾는 사람들
그들은 거기서 무엇을 느끼고
무엇을 찾았을까

메스너는 이렇게 말했다
"등반이란 죽음과 맞서서 얻는 깨달음이다
나는 자연의 최고 지점에서 자신을
체험하고 싶었다
그 순간은 내면의 나와 마주할 수 있는 시간이다."

하얀 눈으로 둘러싸인
아무 소리도 들리지 않는

무덤 같은 은빛 사원寺院에서
물밀 듯 밀려왔을 고독
티 없고 죄 없는 순백의 시간
아마 그 시간은
인간이 신을 만날 수 있는
최상의 시간이 아니었을까

나를 찾아서
깨달음을 얻기 위해
산으로 더 깊은 산으로
들어가는 사람들

나는 무엇을 깨닫기 위해
시를 쓰고 있는 걸까

아름다웠던 지상에서의 날들

여름 한낮
폭염으로 끓고 있는 아스팔트 위에
지렁이 한 마리
꿈틀거리고 있다

물기 빠진
굳어가는 몸뚱이에
한낮의 햇살은 사정없이 내리꽂히고

습하고 어두웠던 흙의 집
사시사철 어둠의 정적만 감돌던 곳
빛을 찾아서
혼신의 힘으로 밀고 올라온
지상에서의 아름다웠던 며칠

나무들의 푸른 눈동자와
하늘거리는 잎새들
촉촉이 이슬 머금은 장미꽃
허공을 힘차게 나는 새들의 날갯짓에

시간 가는 줄도 모르고
몸이 굳어가는 줄도 모르고

매혹은 짧고 고통은 길다
어둠의 시간은 다가오는데

차마
감지 못하던 눈에서 눈물 반짝였던가
지렁이
천천히 몸을 뒤집는다

아프고 환한 자리

바람에 하염없이 떨어지는
나뭇잎들을 보며
이제는
너에게 드리운 그물을 거두어야 할 것 같다
너는 푸른 숲으로
짙은 그림자 풀고 있었지

탯줄로 이어져 있을 때는
우린 한 몸이었다
아슴한 젖내음
꼭 감은 두 눈 위에 내리던 별빛
살며시 벌어진 입술에 피어나던 꽃봉오리들

아침 햇살에
조금씩 돋아나던 은빛 날개
아직은 어둠에 익숙하지 않아
겁먹은 눈동자로 허공을 더듬었고

바람이 불 때마다
힘줄 불거지고 몰라보게 커버린

너는 더 이상 둥지가 필요하지 않았지
몸부림 거세지고
태풍 휘몰아치던 어느 날
덜컹거리는 창문을 통과해
날갯짓을 하고 있었다
황홀한 몸짓으로

이제는 정말
너를 날려 보내야 할 것 같다

엘리베이터

한 줌 햇살과
진분홍 꽃잎 하나 길어 올리지 못한다
늘 기다리며
달의 표면에 가까이 가고 싶어 한다

일층과 팔층 사이
저 곰팡내 나는 지하에서
안드로메다 별자리까지
무덤과 천국의 그 사이
상승과 추락의 오르가슴

자욱한 안개 숲을 헤치고
들어서는 사람들
곳곳에 숨어서 번득이는 눈이 있는 줄도 모르고
안도의 한숨을 내쉬다가
재빠르게 벽 속으로 사라진다

그들은 가슴속에 비밀번호 하나씩
간직했을 것이다

그들이 두고 간
사막의 얼음나무와
붉은 모래알
젖은 발자국을
지문指紋처럼 간직한 채

허공에 위태로이 매달려서도
잠을 잔다

비상 飛上

아카시아 꽃들이 눈처럼 소복이 쌓이는 봄날
숲길을 걷는다
숲은 초록으로 일렁이고
바람이 불 때마다 하늘하늘 떨어지는
하얀 꽃잎들의 세레나데

이렇게 아름다운 봄날
지친 몸을 숲에 뉘어놓고
은빛 날개를 편다

언젠가 떠날 그날을 위해
두터운 허물일랑 훨훨 벗어놓고
까만 슬픔으로 얼룩진 영혼을 위로하며
그날을 맞고 싶다

흰빛을 뿜는 아카시아 꽃들의 축제 속에
숲은 흔들리고 있다

오름에 오르다

아픔은 명치끝에서 시작된다
가슴에 오목하게 파인 분화구
푸르스름한 물이 고여 있고
우수수 낙엽 떨어지거나 얼음이 얼기도 한다
항상 열려 있는 그곳은 덮개도 없어
수시로 검은 손들이 들락거리고
기초공사도 제대로 되어 있지 않아 금방이라도
무너질 듯 위태위태하다
무자년 4월의 통곡소리
꽃과 나무들이 불타오르던 기억
기울어가는 그믐달 아래
명치에 두레박을 내렸던 그녀
시원한 물이 아니라 부들부들 떨고 있는
물살의 그림자를 끌어올리고는
더 목이 타는 갈증에 시달린다
산방산 아래
유채꽃이 환하다

이제는 촛불을 켜야 할 시간

밤새 내린 비로
거리는 촉촉이 젖어 있고
나무들은 짙푸르게 입을 벌리고 있다

이런 날에는
가슴을 활짝 열고
대지의 숨결을 느껴보고 싶다

지난날의 아쉬움은
기억 저편으로 넘겨버리고
이제는
촛불을 켜야 할 시간

산산이 흩어진 마음을 모아
한 장 한 장 꽃잎을 맞춘다

그리하여
바람이 어루만지고
나무들의 포옹 속에

비바람에도 스러지지 않는
찬란한 꽃을 피워야 하리라

# 옥수숫대

비바람과 폭염 속에서도
고르게 자라나던 아이들
알맹이 하나하나에
해맑은 웃음소리 가득하더니
여물고 찰진 몸을 갖춘 아이들
하나 둘 집을 떠나고

가을 들판에
우뚝 서 있는 옥수숫대
노랗고 실한 옥수수
빠져나가고
바싹 마른 이파리
바람에 서걱거리고 있다

깊게 패인 주름
이 빠진 틈새로
새어나가는 바람

해 저물도록
찾아올 이 아무도 없는

동구 밖에서
눈시울 젖은 채
자식들 기다리고 계신
어 머 니

# 우기雨期

밤 두 시, 비가 내린다
장맛비, 물 위를 읽을 수 없는 문장들이
소리 없이 흘러간다
유리창에 푸른 물 줄줄 흘러내리고
밤새 울어대는 고양이의 울음소리

저 오랜 울음의
비틀린 시곗바늘과
버려진 옷가지들 사이로
권태로운 삶이 끄덕거린다
낡은 조화의 틈새에 비스듬히 걸린 음률
젖은 벽을 두드리니
우수수 곰팡이들 떨어지고
새, 작은 새
오래 오래 피가슴 조아려온 아직 날지 못하는 새
말의 씨앗들이
토독거리며 종알거린다

하늘과 지상 사이
바람과 햇살 사이

날개를 달고 있는 물빛 언어들

빗줄기 거세지다가
잠시 주춤한 사이
풀잎 이슬 이슬방울 튀기며
새,
날아오르다

 우물

산을 오르다가
빽빽하게 늘어선 소나무 아래
침묵으로 멈추어버린 우물을 본다

우리 집 포도나무 아래에도
우물이 있었다
언제나 서늘한 냉기가 흐르던
밤새 별이 떨어지던 우물
연분홍 꽃잎이 떠다니기도 하던 우물
내가 "아" 하고 소리 지르면
내 목소리가 바람을 타고 내려가다가
긴 메아리로 돌아오던 우물

그는 늘 깜깜한 어둠 속에 잠겨 있었는데
비오는 날은 깊이 가라앉아 보이지 않던 은빛 뱀
은실난실 꿈틀거리며 솟아오를 듯했고
친구도 한 자리 앉아 있을 친구 하나 없는
아주 슬픈 날 들여다보고 있으면
맑은 눈망울로 나와 눈을 맞추어주었다

두레박 가득 출렁이던
환한 햇살은 어디로 갔을까
고인 물은 새까맣게 썩어가고 있다
잡초와 이끼로 뒤덮인 그의 몸
허물어질 듯 위태하다

월식月食

어둠의 몸속에서
둥그런 달이 떠올랐지
눅눅한 냉기가 가시지 않던 밤

배꽃이 온 산을 하얗게 물들이고

자전거를 타고 아스팔트 위를 달리던
아이가 오고 있었지
내 아이
푸른 불꽃, 신록新綠인 그 아이
지구를 박차고 내게로 걸어와
밤새도록 칭얼거렸지

검은 머리칼 휘날리며
별을 찾으러 다니는 일이나
허공에 손을 뻗어
바람의 숨결을 어루만지는 일은 얼마나 황홀했던가
길 위에서의 방황, 꽃들의 뜨거운 입김으로
길은 갈수록 넓어지고

기억의 유리창들이 한 장 한 장 덜컹거리며 깨진다
비 맞은 과꽃이 부르르 몸을 떨고 있다

어느 날 불쑥 흰 머리칼의 노인이 다가오겠지
그가 걸을 때마다
살갗 주름은 죽음을 달고
덜커덕거리며 다가와 나를 내려다보겠지
그가 내 몸속으로
들어오면 어쩌지?
이지러지는 그믐달

유리병 아기

양수에 떠 있는 듯
동그랗게 오므리고 있는 태아
톡, 건드리면 바스라져버릴 것 같은
작고 가냘픈 꽃잎
인체 탐험전을 보러온 사람들 틈에서
유리병 속 꽃잎
한참을 들여다보고 있었다
아기가 천천히 내게로 들어온다

    따뜻하고 평화로운 동산이었어요
    보랏빛 자운영꽃 흐드러지게 피어 있었고
    하루 종일 달디단 꿀물 마시며
    종알종알 뛰어다니곤 했어요
    배고프면 몽글몽글한 젖을 빨았구요
    졸리면 늑골 가까이에 붙어 잠들곤 했어요
    좁고 어두운 자궁, 꽃들이 무더기로
    피어 있었고
    낮고 부드럽게 들리던 자장가…
    그날도 기분 좋게 둥둥 떠서
    손가락을 빨며 누워 있었어요

그런데 어느 날 갑자기 궁륭의 심장이
쿵쿵 뛰기 시작했어요
그 소리 점점 크게 들리고 일그러지는
낮달
마구 흔들리며 떨어지는 꽃잎들
귀를 찢는 듯한 천둥소리,
이제 어디로 숨어야 하나요

나를 밀어낸 것은
밀물처럼 밀려오는 어둠이었을까
학교 끝나고 돌아왔을 때
아무도 없는 빈 방
마른 햇살의, 유년기 윗목…
밖은 점점 어두워지는데
나는 그 자리에서 꼼짝할 수가 없었다

 적막

가을걷이 끝난
들녘에
홀로 서 있는
허수아비

미루나무 가지 위에는
허물어질 듯
위태로이 매달려 있는
빈 둥지

정갈히 쓸어놓은 절 마당
댓돌 위
단정히 벗어놓은
하얀 고무신
창호지 문틈 사이로
달빛이 어룽거리고

가슴속 실타래
이것들 어딘가에
올올이 풀어놓고 싶은데

어둠의 뿌리에 갇혀 가 닿지 못하고
허공으로 흩어지는
붉은 울음

침묵과 침묵 사이

자욱한 안개 숲을 헤치고
누군가 오고 있다

 집착

벌겋게 핏발선 눈
금방이라도 쫓아올 것 같은 핸드폰 속 그녀 목소리
알았어, 곧 들어간다니깐
그런데도 여기저기 하릴없이 밤거리를 헤매는 사내
서늘한 한기에
몸은 자꾸 움츠러드는데
끊임없이 울리는 핸드폰 소리

왜 그때 갑자기 나는
시아버지 산소 옆 호박 덩굴이 생각났을까
밭두렁을 지나 사철나무를 덮어쓰고도
성이 차지 않는지 계속 뻗어나가는
꺼끌꺼끌한 손, 그
호박 덩굴이

누군가를 사랑한다는 것은
서로를 얽어매는 일일까

완강한 두 팔에 사내를 가두고도
노랗고 두툼한 입 씰룩거리며

거친 숨 몰아쉬는
튕겨질 듯
단단한 껍질
속은 텅 비어버린
그 흔한 꽃 한번 피워보지 못한
호박 덩굴 그 여자

 화음

천지를 울리던 천둥소리도
세차게 쏟아지던 빗줄기도
잦아들고
나무들 빗방울 털어내고 있다

가지 사이 엷은 거미줄
물기를 매단 은빛줄이 출렁거린다
그 줄에 걸린 나비 한 마리
벗어나려고 허우적거릴수록
점점 좁혀드는 포위망, 넘어가는 햇살이
비수처럼 잘게 내리꽂힌다
파닥이다가, 몸부림치다가
결국 꺾어지는 무릎

어쩌면 우리는 보이지 않는 그물에 걸려
너무나 많은 잔가지들을
허공을 움켜쥐기 위하여
뻗었던 것은 아닐까
눈뜨면 다가오는 화살촉에

수없이 작은 점들의 소망을 찍어대며
여울물 되어 흐르다가, 이제 깊은 우물 되어
가라앉는 밤

지금은
상처 입은 영혼과 그리운 길이
조용히 화음을 이루는 시간

비는 다시 내리고
나비도 거미줄도 보이지 않는 밤
꽃잎들이 하나씩 소리 없이 지고 있다

초경初經

머리에 꽃을 꽂고 춤추고 있다
얼굴이며 손이 두터운 때에 절어 있다
두 눈에서 별이 떨어진다
떨어진 별을 줍다 말고 까르르 웃으며
빙글빙글 돌고
붉은 치마에서 우수수 떨어지는 먼지를 뒤집어쓴
마른 바람이 칭얼거린다
나는 가쁜 숨을 몰아쉬며 풀밭 쪽으로 달린다
민들레 꽃 만발한 수풀
그녀의 깔깔거리는 웃음을 피해
있는 힘껏 달리다 돌부리에 걸려 넘어질 때
그 순간,
붉게 확 터져 오르는 노을

 # 통증

이제
더는
꽃 피울 수 없다고
촛불을 켤 수 없다고
통증 몰려와
서서히 번지는 아픔
한때
붉은 선혈
하이얀 모시수건에 곱게 받쳐들고
번질세라 흩어질세라
조심조심
사랑의 싹 틔웠던 시간은
빠르게 지나가고
긴 고통의 강을 건너
꽃망울 터뜨리던 그날
새들은 땅으로 내려와 노래하고
햇살은 얼마나 눈부시던지

이제
잉태할 수 없는 몸은
푸른 나무를 꿈꾼다

구름나무 숲을 걷고 있는 두 사람

오후의 지하철 안 몇몇은 졸고 있고
여학생 서너 명 와글와글 떠드는데
조용히 구름나무 숲을
걷고 있는 두 사람

바쁘게 움직이며 꿈틀대는 열 손가락
중지 서로 맞댈 땐 넝쿨장미 피더니
또르르 굴러 떨어지는
아침 이슬, 아카시아

칡넝쿨 엉금엉금 기어나오는 안개 숲엔
서늘한 손짓 따라 은빛 햇살 쏟아지고
때로는 낙뢰의 불꽃,
섬광처럼 빛나는 눈

무심코 내뱉은 말, 못 박는 사람 틈에서
몸으로 그리는 그림 봄바람을 만든다
비 오고 햇빛 빛나고
바람 부는 저 소통

그곳에선 지금 무슨 일이?

해종일 햇살 한 줌 비치지 않는 수용소
날카로운 삼각형과 아슬한 절벽해안
하얗게 날 선 빙벽들 꿈틀꿈틀 뒤척인다

사랑한다 행복하다 즐겁다는 말 듣지 못한
작업에 필요한 단어와 감정만 알뿐
개천, 요덕 등의 북한 정치범 수용소

그곳에선 무슨 일이 일어나고 있을까
온갖 벌레 풀을 먹고 공포로 일렁이는
닫혀진 검고 어두운 방, 눈물도 말라버리고

설산雪山도 녹아내려 바다로 모이는데
한 몸으로 엮지 못해 다시 서는 빙벽 너머
핼쑥한 초승달 홀로 구름 따라 가고 있다

 깨지다

손안에 든 그릇이 여지없이 깨졌다
여기저기 튕겨진 날카로운 비명들
뾰족한 이빨 드러낸 채 매섭게 노려본다

네게로 가곤하던 길들이 끊어졌다
손가락 걸었던 푸릇한 약속이
일시에 산산조각 난 채 바닥에 뒹군다

오랜 시간 견디다가 터져 나온 울음인가
등 돌린 네 그림자 숨차게 쫓아가던
지난날 아픈 구름들 기압골이 가파르다

텅 비인 적막 속에 바람은 들이치고
벌어진 틈새마다 꽃물결 출렁이는데
머물다 빠져나간 자리 무엇으로 채울까

파르르 떨고 있는 가슴속 붉은 자리
어떤 그림 그려야 하나, 손바닥 젖어오고
마음속 젖은 선반에 햇살 한 줌 얹어본다

난蘭의 사랑

연초록 말간 눈빛, 날아갈 듯 뻗은 잎새
두근두근 떨리는 마음 진종일 기웃대고
스치는 바람 한 자락에도 가슴 쓸며 애태운다

멀고도 가까웁게 일정거리 유지한 채
문 밖에서 서성이던 갈증의 시간 너머
화르르 타는 불잉걸 누렇게 시들어가고

끈끈한 사랑으로 옹골차게 견딘 날들
끊어질 듯 휘어질 듯 휘청이던 날이 가고
하얗게 날선 발톱들 꿈틀꿈틀 뒤척인다

두드려도 대답 없던 닫혀진 적막한 방
썰물의 여린 가지 떨어진 그 자리에
삐죽이 고개 내미는 초록의 새순들

# 달 항아리

별똥별 떨어지고 흰 꽃잎 떠다녔지
살얼음 서리서리 달그림자 스며들고
손대면 튕겨질 듯이
열리던 하늘정원

흙내 풀내 풋풋한 방 뜨거운 침묵 속에
말갛게 가라앉던 말씀의 경전들
참아라 내려앉아라
연꽃으로 피어나던

만삭의 풍성한 몸 투박한 손바닥
깨질 듯 금이 가고 소금 꽃 떠오르던
뭉긋이 익어가는 달
빛을 담는 살결이여

대흥사를 가다

한 점의 불빛 없는 깜깜한 숲 속 길을
피안교 건너가서 반야교 다다르니
희부윰 밝아오는 빛 화들짝 잠을 깬다

얼음꽃 사리 몇 점 안치된 부도전에
환하게 피어나던 말씀의 경전들
벗어라 내려놓아라 연꽃으로 피어나던

연리근 뿌리 얽힌 눈물 젖은 천년 사랑
날렵한 지붕 끝에 아침 햇살 어른거리면
하늘문 활짝 열린다 기도의 아픈 불빛

데칼코마니

갠 하늘 아스라이 외줄 타는 곡예사
허공에 걸린 경계 팽팽하게 당기면서
사뿐히 조심스럽게
내딛는 버선발

비상을 꿈꾸는 눈빛 하늘우물 서성이다
명멸明滅하는 꽃잎 속을 새처럼 날지만
목마른 그 소금밭을
벗어나지 못하고

저만큼 바라보면 깎아지른 절벽 아래
검푸른 물결 너머 깜박이는 등댓불
목 붉은 은행잎 속에
한 생이 흔들린다

탄력과 긴장 욕망과 절제 사이
비스듬히 내리쬐는 햇살 한 줌 잡아본다
끊길 듯 아슬아슬하고
가느다란 줄이여

3.
푸른 숲 걸어 나올 때 을리는 은종 소리
구름 따라 흐르는 길, 얽힌 매듭 풀어주고
가슴속 바알간 상처 살갑게 보듬는다
모든 것 비워놓고 모서리에 매달려
꿈 잃은 사람들 등불 되어 불 밝히는 물고기…
은빛 비늘 파닥이며 하늘음계 밟고 있다

모딜리아니의 여인

목이 길어 슬픈 여인, 무슨 생각 잠겼을까
잔잔한 선율 따라 굴곡진 실루엣
온몸에 반짝이는 이슬
풀잎인 듯 흔들린다

반짝이는 눈동자, 어디로 사라졌나
그 눈빛에 담긴 마음 읽을 수 없어서
까만 점, 무표정한 얼굴
달그림자 쟌느여

은실난실 가느다란 거미줄에 걸려서
날개를 펼 수도 벗어날 수도 없는가
조금씩 고립되는 섬
검은 씨앗 말라가고

큰나무의 그늘에 가려진 풀꽃처럼
언제나 누군가의 그녀로 불리던 여자
파리에 새겨진 사랑
화폭 속에 일렁인다

모서리에 관하여

하늘우물 닿지 못한 날카로운 생의 뒤안길
비상을 꿈꾸는 눈빛, 기운 각도에 갇혀
작은 칼 가슴에 품고 어둠 속을 서성인다

중심에서 벗어난 낡은 폐가, 골목길엔
꽃눈의 가시침에 멍든 자국 가득한데
골다공, 상처 난 몸 세워 무릎관절 펴고 있다

허공에 손을 뻗어 각진 시간 더듬는다
해종일 서성이며 불안하던 모서리에
파문이 번져가는 강, 은비늘 팔딱인다

올곧고 반듯하던 팽팽한 직선의 길
물과 불 그 너머의 환한 햇살 가운데로
조금씩 몸 기울여본다, 둥글게 퍼져나간다

무청시레기

아무런 기척 없이 담벼락에 기대어
폭설과 한파를 꿋꿋이 견디며
찬 겨울 뻣뻣이 얼었다 녹았다 한다

푸르른 머리칼 무성하게 늘어뜨려
하늘로 불끈불끈 솟아나던 젊음도
들판을 마음껏 호령하던 패기도 사라지고

새벽에 등불을 밝혀들고 나가서
왼종일 노동으로 힘겹게 시달리다
노을빛 붉게 물들 때 구부정히 돌아오는 길

술잔에 어린 눈물 말없이 닦아내고
얼큰히 취한 얼굴, 무거운 걸음들
누군가 툭 건드리면 부서지는 아버지

 물금

허연 물살 가르며 파도가 달려온다
꺾어질 듯 휘어질듯 소용돌이쳐 뒤집다가
조금씩 파닥거리며
날갯짓 엷어지는

밀물로 밀려왔다 썰물 되어 빠져나간
빼꼼빼꼼 구멍 뚫려, 바지락, 고동 기어가는
포르르 참았던 숨을
거칠게 내뿜는 곳

빛과 어둠 한가운데 살아가는 우리들
사람과 사람 사이, 불꽃과 칼날 사이
희미한 작은 섬들이
나타났다 사라지고

일출과 일몰의 경계인가, 개펄엔
축축한 물이끼, 진흙 구렁 가득하고
해와 달 머리에 이고
벅찬 하루 살아간다

물방울

어느 별 가시수렁 속 헤매다가 왔을까
풀잎에 대롱대롱 맺혀 있는 이슬방울
또르르 굴러떨어질 듯 만지면 흩어질 듯

원시의 달밤에서 히말라야 설원까지
들끓던 가슴속엔 푸른 고요 가득하고
적막한 기도의 사원 같은 맑디맑은 눈동자

살면서 물들은 분홍빛 꽃망울
가까이 갈 수 없는 뜨거운 소금밭이나
사막의 푸석거리는 검은 비늘, 모래바다

울커덕 쏟아지는 은빛의 눈물방울
흰색별 머리 위에 후드득 쏟아지고
오롯이 남겨져 있는 은빛사리 몇 점

 불안

차량들 내지르는 소리에도 침묵한다
질주의 거친 바퀴 눈멀고 귀 멀어서
꾸불텅 뒤집어본다 손 뻗어 휘젓는다

바둑판 문양인가 사방팔방 갇힌 올무
산 아래 개울가에 뒹굴고 싶은데
저만큼 파란 신호등 불빛만 깜박이고

수탉의 벼슬마냥 빨갛게 각진 시간
여름내 옹골차던 하얀 등뼈 어디 갔나
후드득 떨어지는 잎새 바람에 쓸려간다

해 질 녘 노을 아래 가만히 기대어보면
떠도는 길 밖에서 찾아 헤맨 별똥별
안내판 표지 하나 없는 마음속 징검다리

사거리에 서다

줄줄이 달리던 자동차들 멈추면
웅크린 사람들 허겁지겁 지나간다
제각각 부딪히지 않는 것은
서로 다른 꿈을 꾸기 때문

이 길로 가야 할까 아니면 돌아갈까
수없이 반복되는 일상의 의문부호
미로 속 거미줄 같은 매듭을 풀어본다

삼각파도 너울에 출렁이던 육신과
안으로 엉켜버린 구불구불한 마음결도
햇빛에 펼쳐놓으면 반듯하게 펴질까

어느 길 어느 골목도 한 길로 트는 사거리에
얼어붙은 세밑 인정 발걸음 감싸안고
숨었던 햇살 하나를 비스듬히 잡아본다

 # 새, 날다

빛과 어둠, 그 너머 어느 꿈길 헤매시나
가끔씩 눈 마주치면 방그레 웃으시던
한 생이 뒤죽박죽으로
치매가 된 어머니

저렇게 잔잔할 수가, 바람마저 잦아들고
벼락같이 내려치던 그 목소리 어딜 갔나
한 점의 그늘도 없는
순순한 아이 같은

눈물 없는 초롱한 눈, 놓지 못한 시간 더듬고
아프게 살아온 날 품속에 안으셨나
훅 불면 날아갈 것 같이
푸석이는 마른꽃 되어

따갑고 아린 상처 한 겹 한 겹 벗어놓고
닫혀 있던 빗장문 화들짝 열어놓고서
마침내 종잇장처럼 얇아져
새가 되어 날고 있나

양파의 길

풋사과 파들대는 가지 끝 떨림으로
이곳도 기웃기웃 저 길도 들락날락
표지판 하나도 없는
그 길을 찾아간다

회오리 문양인가 사방팔방 갇힌 올무
보이는 건 우뚝 솟은 빌딩숲과 전광판
멀리서 손짓하고 있는
전조등 푸른 불빛

첫새벽인 듯하면 어스름한 황혼이고
물인 듯하다가도 타오르는 불의 바다
가까이 다가갈수록
아리고 매운 맛이여

벽 하나 넘고 나면 또 다른 벽 나타나고
걷다가 뛰다가 허덕이던 소금밭
묵음默音의 경계를 건너
꽃눈을 틔고 있다

 얼음새꽃

세찬 바람 몰아치는 정류장 옆 좌판대
팔지 못한 동태들 퍼렇게 얼어가고
곱은 손 호호 불어보지만 굳어가는 김씨의 몸

생살 찢는 칼바람에 목울대 움츠러들고
결빙의 두터운 벽, 살갗이 허물어져도
초롱한 아이들 생각에 어금니 꼭 깨문다

요란하던 바람소리 조금씩 잦아들고
인적 드문 보도블록에 수런수런 내리는 눈발
차디찬 가로수 길을 포근히 감싸고 있다

얼음 지핀 눈 속에서도 이어지는 가는 숨결
어둑한 지하셋방, 해맑은 웃음소리
얼었던 몸을 데우며 무릎관절 펴고 있다

 # 오징어

한순간 꿈이었나, 찬란하던 그 불빛
칠흑 같은 밤바다에 해성처럼 빛나던
집어등 불꽃을 향해 달려왔던 밤이여

은비린내 펄떡이는 포구의 말간 아침
얼음조각 갇혀서도 그렁그렁 눈물 맺혀
자꾸만 굳어가는 몸, 파도소리 들린다

시작이 끝이었나, 물길마저 희미하다
거칠은 격랑에 온몸이 부서져도
켜켜이 쌓인 층계를 말없이 오른다

빛을 찾아 이어지던 끝없는 구도행렬
등 푸른 욕망의 칼날, 어디로 사라졌나
모든 것 비워버린 몸, 참으로 가볍다

울림에 대하여

저물녘, 어머니가 두들기던 다듬이소리
뒤란에 잠긴 우물 부시시 깨어나고
풀잎에 웅크렸던 별, 후드득 떨어진다

둥글고 적막한 방, 가난한 순결 위에
텅 비인 악보마다 쏟아지던 빗방울
음표들 흔들거린다 느낌표로 곧추서서

흩어진 마음결도 다잡으면 팽팽할까
풀 먹인 네 귀퉁이 빳빳이 깃 세우면
엉키고 꾸불꾸불한 길 반듯하게 펴진다

가슴에 일렁이던 잔잔한 파문 하나
창호지 단풍 문양 가늘게 떨려올 때
다도해 번져나간다 돌비늘 촉 햇살 되어

일어서는 말씀

낭랑하게 경經 읽는 소리 등덜미를 잡아끄는
검푸른 녹 이끼처럼 껴 있는 불상들
박물관 한쪽 구석에 연꽃 향 피어난다

손대면 뭉클뭉클 살아서 움직일 듯
단아한 턱 선과 가부좌 튼 모습들-
속 깊은 선정에 드셨나, 옷깃마저 조심스럽고

위엄 있게 때로는 자애로운 눈빛으로
수없이 저질렀던 검붉은 죄 들여다본다
마음이 서늘해진다, 손발마저 오그라들고

한 점의 미동도 없이 의연한 저 서슬에
비워라, 내려놓아라 그윽한 말씀들
실핏줄 꿈틀거린다, 붉은 피 돌고 있다

 자전거

놀이터 낡디낡은 자전거 기우뚱거린다
그대로 방치한 채 내버린 생生 비틀거릴 때
우리는 어디 있었을까, 텅 빈 폐교 낡은 복도

들길을 푸르게 달리던 힘찬 다리
은륜銀輪의 햇살 아래 빛나던 웃음소리
어디로 굴러가려다 길 접고 누웠는가

지금은 바람 빠져 쭈글쭈글한 타이어
녹슨 뼈마디 앙상하게 드러내고
혼자서 삐거덕거리는 폐차장 바큇살 삶

헐거운 체인을 팽팽하게 당겨본다
녹슨 바퀴도 불어보면 살아날까
둥근뼈 바람 하나가 팽팽하게 부푼다

장롱

한때는 푸르른 초원을 달리던
사슴의 날쌘 다리 펄펄 깃을 치던
홍학의 희디흰 몸짓으로 그렇게 살았는데

서늘한 그 이마 갈색으로 변하고
어깨를 짓누르던 바윗돌의 짓무른 속살
홀연히 예쁘게 피어나던 민들레, 채송화 꽃

뿌리의 아픔 이겨 연한 꽃들 기르고
가슴에 철철철 물 흐르게 하여서
찬 나무 끌어안아서 숲 이루던 시간들

따가운 햇살과 매서운 비바람에
곱던 몸 바래지고 여기저기 금갔지만
먼 별빛 가슴에 모아 침묵으로 다스린다

중심을 향하다

밤새도록 흔들리던 어두운 골목길에
짙은 안개 걷혀진 서늘한 아침이 으고
목련꽃, 한껏 부풀어
터질 듯 꿈틀거린다

어디다 발길 멈추나, 메마른 땅 위에
마주 보면 붉게 충혈된 소리 없는 아우성
중심을 꿰뚫어보는 눈빛
칼날 되어 번득인다

팽팽하게 감겨진 화살촉의 응시인가
과녁을 겨눈 활 끝 부르르 떨고 있고
가슴속 푸르른 깃발
일제히 일어선다

파문처럼 번져가는 엇갈린 기억들
검은 기차 지나간 오롯한 마음 위어
햇살이 내리꽂힌다
하늘문 활짝 열린다

저녁 어둠 속의 아이리스*

달빛 한 점 비치지 않는 어둑한 바탕 위에
희고 짙은 강렬한 색채들의 뭉클거림이
화폭 속 튕겨질 듯이 꿈틀꿈틀 뒤척인다

쭉쭉 뻗은 잎새 위에 살포시 얹혀져
웃는 듯 우는 듯 오묘한 아이리스
해 질 녘, 는개 속 등불 같은 짙고 연한 보랏빛이여

어디선가 꽃들의 수런거림 들리지 않니?
제각각 다른 모습 재잘재잘 조잘조잘
어둠 속 빛을 찾아서, 겨드랑이 움찔거린다

폭풍이 오려는가, 까맣게 몰려오는 구름
풍경도 숨죽인 채 나지막이 엎드린다
톡, 토톡 꽃망울 터지는 소리, 음표로 튀어 오르고

오랜 시간 닫혀 있던 빗장문 열어놓고
해묵은 먼지들 말끔히 털어내자
가지 끝, 웅크린 새떼들 푸드덕 날아오른다

---

* 피카소와 모던아트 전에서 본 막스 페히슈타인의 작품

중환자실의 달팽이

따가운 햇살 아래 엉거주춤 느릿느릿
끈끈한 점액질도 말라버린 여린 속살
무거운 등짐 지고서 알몸으로 어딜 가나

시간도 멈춰버린 종합병원 중환자실
푸른 피 돌던 심장 누덕누덕 기워지고
성한 곳 하나도 없는 삐걱이는 관절들

수시로 생의 경계 넘나드는 사람들
삐죽이 나온 맨발 아직은 따뜻한데
마른잠, 등불 받쳐 들고 걸어가는 어머니

맨살의 여린 상처, 벽 더듬던 나날 건너
촉촉한 아침 풀밭 서릿발 세우고서
어디로 가고 있을까, 낮달 한 채 떠 있다

# 진주조개

몇 천 년 빗장 걸고 침묵하는 화석인가
아직도 바다의 향기 기억하고 있는데
선홍꽃 짙게 새긴 채 고통으로 떨고 있는 몸

향기론 바람으로 젖은 달빛으로 찾아와
선명한 연꽃 문양 화인火印인 듯 새겨놓고
어둡고 긴 터널을 지나 무성한 독풀의 시간들

가슴에 와 박힌 돌 갈증으로 타는 가슴
목까지 차오른 울먹임을 어찌지 못해
마침내 적멸의 바다를 뿌리째 끌어안고

천년의 밤하늘과 천년의 적막을 지나
깊고 어두운 동굴의 방 영롱한 사리 한 알
무한의 저 자녹색 눈빛 묵언의 제단이여

책 속의 길

가파른 골목길을 더듬더듬 걸어가는
실개천을 건너서 엉겅퀴 숲을 지나
낙뢰의 서늘한 불기둥
만나기도 하는 곳

백옥의 흰 살결 날카롭게 각진 서슬
잘 벼린 칼끝에 상처가 나기도 하지만
온전히 자신을 바쳐
순금의 밭 일군다

연꽃의 미소처럼 정갈한 발자국
두터운 침묵 속에 내리치는 죽비소리
가슴속 둥근 파문되어
음표로 튀어 오르고

때로는 가슴 아픈 사랑을 노래하고
칠흑 같은 밤바다 깜박이는 불빛 되어
화들짝 깨어 일어난다
별꽃 되어 박힌다

첫눈

찌푸린 겨울 하늘 거친 숨 몰아쉰다
터질 듯 팽팽한 배 실핏줄 꿈틀거리고
만삭의 무겁디무거운 몸 간신히 지탱한다

천지간 예측 못할 깊고 깊은 침묵 속에
닫혀 있던 꽃살문 툭, 투툭 열린다
허공에 날아다니던 새들도 숨죽이고

생살 찢는 아픔 속에 갈라지는 벼랑 끝
푸른 비명 내지르며 말들이 내달리고
마지막 안간힘을 쓰자 쏟아지는 하얀 눈발

깃털처럼 하늘하늘 내리는 눈꽃송이
축제판 벌어졌나, 신명나는 가락으로
하늘도 땀방울 훔쳐낸다, 천지가 다 환하다

청동 물고기

안개구름 자욱한 묘적사의 청동 물고기
바람에 흔들리며 뎅그렁 울고 있다
추녀 끝 대롱대롱 매달려
먼 바다 그리워하나

새벽이슬 머금고 고개 숙인 초롱꽃
가늘게 떨면서 끊어질 듯 이어지는
그 소리, 계곡을 돌아 나온
바람의 음성인가

푸른 숲 걸어 나올 때 울리는 은종 소리
구름 따라 흐르는 길, 얽힌 매듭 풀어주고
가슴속 바알간 상처
살갑게 보듬는다

모든 것 비워놓고 모서리에 매달려
꿈 잃은 사람들 등불 되어 불 밝히는
물고기, 은빛 비늘 파닥이며
하늘음계 밟고 있다

출항

텅 빈 가슴 그 언저리 바람이 불어온다
만선의 푸른 깃발 펄럭이던 부두엔
줄줄이 정박한 배들,
파리떼만 들썩이고

불꽃 튀던 지난 시간, 휴일도 반납하고
폭풍을 헤치고 파도에 떠밀리며
검푸른 바다를 향해
그물 던지던 그 남자

하나둘씩 늘어나는 흰머리의 숫자만큼
조금씩 다가오는 검은 그림자 걸친 하늘
애꿎은 담배 연기만
허공 가득 피워올려

은비린내 펄떡이던 날 어디로 사라졌나
단단히 묶여 있던 밧줄을 끌어낸다
기우뚱 흔들리는 배
자, 다시 시작이야

 2월의 방

결빙의 웅크린 잠 부스스 눈을 뜨고
저만큼 달아났던 햇살이 손 내민다
두터운 겨울 옷 벗고 가뿐히 나서는 길

어디선가 돌돌돌 물 흐르는 소리 들린다
얼었던 강 녹으면서 여기저기 갈라지고
틈 사이 작은 오리들 종종이며 날개 털고

군데군데 잔설이 남아 있는 벌판 위
포르르 새 한 마리 하늘계단 날아가나
메마른 들녘 끝 멀리 아지랑이 달려온다

삼각형과 모서리의 팽팽한 시간 건너
뜯지 않은 편지의 겉봉 같은 설레임이
가슴속 차오르는 꿈 쉴 새 없이 출렁인다

4월의 시

얇고도 투명한 거미줄에 걸려서
여린 깃 파닥이며 벗어나려 애쓰나
회색빛 미궁 속에서
검은 씨 심는다

가슴속 엉겨붙은 짓무르고 창백한 꽃
아프게 끌어올려 뜨거운 숨결 불어넣는다
화르르 화색이 도는 살결
꽃잎도 생기 띠고

햇살도 숨어 있는 검은 숲 헤집으며
단 한 방울 차디찬 이슬을 찾는 손길
걸러서 정화된 시구詩句
목련처럼 터진다

메마른 벌판에 서늘한 빗줄기 같은
벼락 속에 스치는 라일락 향기인가
짧고도 강렬한 눈빛
서슬 푸른 종장 한 줄

고드름

살갗을 에이듯이 매우 추운 겨울밤
아무런 기척 없이 검고도 메마른 땅에
무수히 겨누고 있는 푸르른 칼날인가

서울역 대합실 안 여기저기 구석구석
헌 박스 신문지로 찬바람을 가리고
구겨져 잠들어 있는 사람들 어지럽다

이제는 뿌리를 내리고 싶은데
잔가지 모두 뽑혀 불이 꺼진 나무들
처마 끝 거꾸로 매달려 적멸에 들었나

따스한 등불 밝혀 오는 꿈꾸시는가
한 줄기 신음도 새지 않는 완벽한 믁음
팽팽히 튕겨질 듯한 하늘의 소리여

꿈꾸는 주차장

자궁 속 포근한 길 블랙홀로 빨려간다
화살표 문자들 촘촘하게 박혀 있는
질주의 거친 바퀴들 순하게 엎드린

네모난 타일처럼 앞도 옆도 반듯반듯
거친 숨 몰아쉬고 가만히 귀 기울인다
온종일 햇살 쏟아지는 어둡고 환한 동굴

매서운 눈동자들 숨죽여 지켜본다
곳곳에 검은 가지 촘촘히 손 뻗으면
고였던 침묵의 말들 소스라쳐 깨어나고

한 줌의 햇살과 꽃잎 하나 긷지 못한 채
가슴속에 비밀번호 하나씩 새겨넣고
재빨리 지상의 방 속으로 사라지는 사람들

사막의 얼음나무, 푸석한 모래알
축축한 발자국을 지문처럼 간직한 채
풀잎에 몸 기울여본다, 은빛 날개 펴본다